Inhalt

Liebe Besucherinnen und Besucher, verehrte Leserinnen und Leser,

Wir freuen uns sehr über Ihr Interesse am Kaiserdom zu Königslutter. Sie halten ein kleines Büchlein in Händen, mit dessen Hilfe Sie sich vor Ort über wichtige Aspekte zur Geschichte, Architektur und Bauplastik sowie zu den Malereien informieren können. Lassen Sie sich durch den 'Dom' begleiten – die Erläuterungen sind zum großen Teil mit 'Standpunkten' verbunden, kleine Piktogramme dienen der Orientierung. Format und Bindung des Buches sollen die Handhabung erleichtern.

In den Jahren 2001 bis 2010 wurde der Kaiserdom aufwändig saniert und restauriert. Dabei ging es im Wesentlichen um die Rettung der von August Essenwein im ausgehenden 19. Jahrhundert geschaffenen Malereien. Sie sind nun wieder vollständig und in ihrer ursprünglichen Farbigkeit zu erleben. Dem Innenraum verleihen sie eine einmalige geistliche Ausdruckskraft.

Der Kaiserdom befindet sich heute im Eigentum der Stiftung Braunschweigischer Kulturbesitz. Im vertrauensvollen Miteinander tragen Stiftung und Stiftskirchengemeinde gemeinsam die Verantwortung für das herausragende Kulturdenkmal.

Wir wünschen Ihnen viele neue Erkenntnisse und Einsichten zum Kaiserdom sowie einen angenehmen Aufenthalt in Königslutter.

Gründung

Im Jahre 1135 löste Kaiser Lothar III. (1075-1137) das von seinen Vorfahren mütterlicherseits ererbte Kanonissenstift[1] in Lutter[2] auf. Die Frauen mussten ihren angestammten Ort verlassen und wurden durch Benediktinermönche ersetzt. Der Konvent unter Leitung von Abt Eberhard kam aus dem Kloster Berge bei Magdeburg, einem Zentrum der hirsauischen Reformbewegung[3] in Norddeutschland. Zugleich legte der Kaiser den Grundstein für eine neue – die heute bestehende – Kirche. Sie sollte ihm, seiner Familie und seinen Nachkommen als Grablege dienen.

In der am 1. August 1135 ausgestellten Gründungsurkunde wird das Kloster vom Kaiser mit umfangreichen Besitzungen ausgestattet. Es gehörte zu den reichsten Klöstern nördlich des Harzes. Das Petruspatrozinium des alten Stifts wurde übernommen. Später kam Paulus als Schutzheiliger hinzu.

[1] *Kanonissen (männlich: Kanoniker) führten ein geistliches Leben in klosterähnlicher Gemeinschaft, ohne jedoch ein Gelübde abgelegt zu haben und auf Privateigentum zu verzichten.*

[2] *Der Ort ist nach dem Bach Lutter benannt, dessen Quelle nicht weit vom Kloster entfernt im Elm liegt. Erst ab dem 14. Jh. wird der Name »Königslutter« allgemein gebräuchlich, um auf den König und Kaiser Lothar III. hinzuweisen.*

[3] *Hirsauer Reform: Die vom burgundischen Kloster Cluny ausgehenden Reformbestrebungen (z.B. strenge Befolgung der Benediktregel, s. Seite 79) wurden Ende des 11. Jh.s vom Kloster Hirsau (Schwarzwald) übernommen und von dort aus in ganz Deutschland verbreitet.*

Lage

Die auf einem Geländesporn des Elms errichtete Kirche beherrscht mit ihren drei hoch aufragenden Türmen die Stadt und weithin sichtbar die Landschaft. Die besondere Lage wird – neben der Nähe zum kaiserlichen Stammsitz, der Süpplingenburg – entscheidend für die Wahl des Standorts gewesen sein. Am Nordrand des Höhenzugs verlief ein bedeutender West-Ost-Fernhandelsweg, der die Städte Braunschweig und Magdeburg verband.

Würdigung

Die ehemalige Abteikirche St. Peter und Paul, Kaiserdom[1] genannt, zählt zu den herausragenden Bauwerken der Romanik[2] in Deutschland. Sie gilt als sächsisches[3] Gegenstück zum Dom in Speyer, der Grabeskirche von Lothars Vorgängern, den Saliern.

Wie dort, werden in Königslutter bewusst Elemente eingesetzt, die unmittelbar mit Kaisertum und imperialem Anspruch in Verbindung zu bringen sind: Gewölbebau und italienische Bauskulptur.

Allein die imposante Erscheinung des Bauwerks weist auf 'Kaiserlichkeit' hin. Zwar ist die Kirche in Königslutter deutlich kleiner als der Speyerer Dom, gleichwohl war sie Mitte des 12. Jahrhunderts das größte Bauwerk in Norddeutschland.

[1]*Kaiserdom: seit dem 19. Jh. gebräuchliche Bezeichnung für monumentale Kirchen, die mit dem römisch-deutschen Kaisertum in Verbindung zu bringen sind. Neben Königslutter zählen dazu die drei rheinischen Dome Speyer, Mainz und Worms sowie die Dome in Bamberg und Frankfurt. Aber auch der Aachener und der Magdeburger Dom gehören in diese Reihe. Auch die Bezeichnung 'Stiftskirche' ist üblich.*

[2]*Romanik: erste große Stilepoche des Mittelalters, die von etwa 1000 bis 1250 reicht. Erkennungsmerkmale romanischer Bauten sind Rundbogen sowie starke Mauern. Der nachfolgende Bau- und Kunststil ist die Gotik.*

[3]*Sachsen: mittelalterliches Herzogtum, das sich vom Niederrhein bis an die Elbe und die Ostsee erstreckte.*

Lothar III.
Stifter des
Kaiserdoms

**Eine außergewöhnliche
Karriere: vom sächsischen
Provinzfürsten zum
Herrscher des Abendlands**

1106 – Herzog

Lothar, 1075 geboren, stammte aus sächsischem Hochadel. Seine Heimat war die Region zwischen Braunschweig und Helmstedt. Nach dem Stammsitz seiner Familie wird er »Lothar von Süpplingenburg« genannt. Durch seine Heirat mit Richenza von Northeim im Jahr 1100 gewann er umfangreiche Besitz- und Herrschaftsrechte hinzu. 1106 wurde Lothar zum Herzog von Sachsen ernannt.

1125 – König

Nach dem Tod des salischen Kaisers Heinrich V. setzte sich Lothar bei der Wahl 1125 gegen seine Konkurrenten durch und wurde deutscher König. Der daraus resultierende Konflikt mit dem unterlegenen Staufer, Friedrich II., und dessen Bruder Konrad überschattete fast die gesamte Regierungszeit Lothars.
Unterstützung im Kampf gegen seine Widersacher fand Lothar beim bayerischen Herzog Heinrich dem Stolzen. Er band den Welfen fest an sich, indem er ihm seine einzige Tochter Gertrud zur Frau gab und die sächsische Herzogswürde übertrug. Konsequent baute er seinen Schwiegersohn zum Nachfolger auf. Von Anfang an war es Lothars Ziel, eine neue, eine sächsisch-welfische Dynastie zu begründen.

1133 – Kaiser

Im Jahr 1133 zog Lothar nach Italien, um sich in Rom von Papst Innozenz II. zum Kaiser krönen zu lassen. Da der Petersdom vom Gegenpapst, Anaklet II., besetzt war, musste sich Lothar als erster Herrscher des Mittelalters mit der Lateranskirche als Ort der Zeremonie begnügen. Er war nun Lothar III. »von Gottes Gnaden erhabener Kaiser der Römer« – im Verständnis der Zeit ein direkter Nachfolger der antiken Kaiser.
Als sich schließlich die staufischen Rivalen unterwarfen, war Lothars Position im Reich unangefochten. Auf dem Höhepunkt seiner Macht entschloss er sich zum Bau einer Kirche im heimischen Lutter. Den Grundstein legte er im Sommer 1135 gemeinsam mit seiner Frau Richenza. Es sollte die Grabeskirche für ihn selbst und seine Familie sein und darüber hinaus sichtbares Zeichen seines christlichen-imperialen Machtanspruchs.

*Darstellung des Kaiserpaares
an der Nordseite des Vierungsturmes (15. Jh.)*

1137 – Tod

Bei seinem zweiten Italienzug 1136/37 drang Lothar mit seinem Heer bis nach Apulien vor. Auf der Rückreise starb er am 4. Dezember 1137 in Breitenwang/Tirol. Seine Gebeine wurden nach Königslutter überführt und am letzten Tag des Jahres in der unvollendeten Kirche unter einem provisorischen Totenhaus beigesetzt.

Seinem Schwiegersohn Heinrich dem Stolzen gelang die Übernahme der Reichsherrschaft nicht; 1139 starb er und wurde in Königslutter beigesetzt. Die Witwe Gertrud heiratete ein zweites Mal. Sie starb 1143 im Kindbett und ist im Kloster Heiligenkreuz bei Wien begraben. Der Sohn der beiden, Heinrich der Löwe, vollendete den Bau seines Großvaters in Königslutter, ließ sich später aber eine eigene Grabeskirche in Braunschweig errichten (Stiftskirche St. Blasius, ab 1173).

Ostbau mit Hauptapsis – exquisit gefügt und dekoriert

Architektonischer Höhepunkt des Kaiserdoms ist der Ostbau (Querhaus und Chöre). Hier zeigt sich der hohe Anspruch, den der Kaiser an sein Bauwerk stellte. Bemerkenswert sind

- das homogene Mauerwerk: Es besteht aus großformatigen Quadern heimischen Muschelkalks, die so sorgfältig behauen wurden, dass sie fast fugenlos verbaut werden konnten und absolut glatte Wandflächen erzeugen.

- die Anzahl der Apsiden[1]: Die Hauptapsis wird auf beiden Seiten von je zwei kleineren (Neben-) Apsiden begleitet. Insgesamt sind es also fünf Apsiden, die den Bau auszeichnen.

- die reiche Gliederung der Wände durch Friese[2], Pilaster[3] und Halbsäulen, aber auch durch das Spiel mit verschiedenen Ebenen.

- die aufwändige und äußerst qualitätvolle Bauskulptur an Kapitellen[4] und Friesen.

[1] *Apsis (Apside): meist über halbkreisförmigem Grundriss errichteter, mit einer Halbkuppel überwölbter Baukörper.*
[2] *Fries: bandartige Dekoration von Bauteilen.*
[3] *Pilaster: pfeilerartiges Gliederungselement einer Wand, mit Basis und Kapitell.*
[4] *Kapitell: eigenständig geformtes Kopfstück einer Säule.*

Der größte bearbeitete Steinblock des gesamten Bauwerks befindet sich an der Hauptapsis: siehe Abbildung oben! Er misst 3,63x0,55 Meter.

Hauptapsis

Die Hauptapsis[1] hat zwei Geschosse. Das untere ist geschlossen, das obere durch drei große Rundbogenfenster mit profilierten Gewänden weit geöffnet. Die oberen Abschlüsse der Geschosse bilden Friese[2] aus mehrfach geschichteten Akanthusblättern[3]. Erstaunlich ist die Natürlichkeit der Blätter, ihr lebendiges Wachstum. Hier zeigt sich, dass der Künstler römisch-antike Vorbilder gekannt hat. Achten Sie auch auf den fein gearbeiteten Perlstab oberhalb der Blattzone.

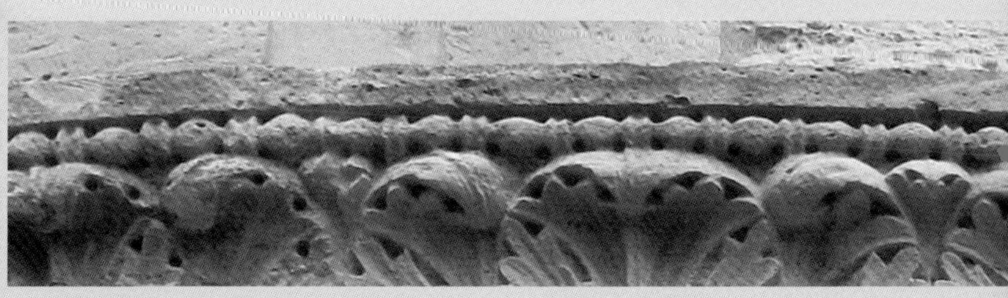

1 Apsis: s. Erläuterung auf Seite 13
2 Fries: s. Erläuterung auf Seite 13
3 Akanthus: Das Blatt der Distelart
(Bärenklau) diente seit der Antike
als Muster für bauskulpturale
Details, z. B. an Kapitellen und
Friesen.

Der Jagdfries – herausragendes Bildhauerwerk der deutschen Romanik

Der untere Rundbogenfries an der Hauptapsis stellt den Höhepunkt bildhauerischen Dekors am Kaiserdom dar. Der Fries wird getragen von phantasievoll gebildeten Tier- und Menschenköpfen, Fabeltieren sowie von Pilastern mit Blattkapitellen.

In den Feldern wechseln sich Rosetten mit Figuren ab, die fast freiplastisch und erstaunlich lebensnah gestaltet sind. Dargestellt sind zwei Szenen einer Jagd, die jeweils von außen nach innen zu lesen sind, beginnend mit den Hornbläsern. Das Feld in der Mitte der Apsis ist der nördlichen (rechten) Bilderfolge zuzuordnen: Es zeigt den Jäger, der eben noch den erlegten Hasen am Stock davontrug, nun am Boden liegend, bedrängt von zwei grimmig blickenden Hasen, die ihm Fesseln anlegen.

Verkehrte Welt – was bedeutet der Fries?

Es gibt zahlreiche Möglichkeiten, die Darstellungen des Jagdfrieses zu interpretieren. Zum Teil beziehen sie sich auf Bestiarien, Tierbücher mit christlicher Symbolik. Ist der Jäger etwa der Teufel, während der Hase das Gute versinnbildlicht? Wird der Mensch gewarnt, dass er dem, was er erjagen will, letztlich unterliegt?

Drei Details aus dem Jagdfries
Oben: Der Hund erlegt den Hasen
Mitte: Der Hase wird vom Jäger davongetragen
Unten: Zwei Hasen fesseln den Jäger

Zum Vergleich: Verona, Dom, Teil des Jagdfrieses an der Vorhalle

Inschrift

Oberhalb des Jagdfrieses ist in Spiegelschrift eine lateinische Inschrift angebracht:

+ HOC OPUS EXIMIUM
VARIO CELAMINE MIRUM
+ SC

Ins Deutsche wird sie zumeist folgendermaßen übertragen: »Dieses außergewöhnliche Werk, durch mannigfaltiges Relief wunderbar, hat gemeißelt«.

Wer war der Künstler?

Der Name des Künstlers wird nicht gleich verraten. Doch genau an jener Stelle, an der seine Signatur hätte folgen müssen, durchbricht die Figur des Hasenträgers – als einzige des gesamten Frieses – die Bogenrahmung und schiebt sich in das Inschriftenfeld. Des Rätsels Lösung: der Name Nicolaus (griechisch: Nicolaos), der sich leicht von »Hasenbesieger« (griechisch: Nicolagos) ableiten lässt. Hier hat also jener Bildhauer seinen Namen hinterlassen, der zu den führenden Meistern seiner Kunst in der ersten Hälfte des 12. Jahrhunderts gehörte. Mit dem Namen Nicolaus verbinden sich herausragende Bildwerke an Kirchenbauten in Piacenza, Ferrara und Verona. Der Hase ist das Markenzeichen des Künstlers und findet sich in den meisten seiner oberitalienischen Werke wieder.

Marienportal

An der Nordseite der Kirche, an ihrer zur Stadt gewandten Schauseite, bieten zwei Portale Zugang ins Innere: das Marien- und das Löwenportal.

Ins Querhaus der Kirche gelangt man durch das Marienportal. Es ist nach einer ehemaligen, dem Querarm vorgelagerten gotischen Kapelle benannt, in der eine angeblich heilkräftige Marienfigur stand (s. Seite 90).
Das Portal ist in drei Stufen in die Wand zurückgesetzt. In die Rücksprünge sind Säulen eingestellt, deren Basen und Kapitelle die Ecken vollständig ausfüllen.

Sie tragen unterschiedlich profilierte Bogen, die zusammen einen tiefen Halbtrichter über dem Durchgang bilden.
Der Bauwerkssockel wird durch das Portal nicht zerschnitten, sondern als Rahmen um die Öffnung herumgeführt. Selbst die Kämpfergesimse, die den Übergang von der Senkrechten zum Bogen markieren, stellen keine Unterbrechung dar, sondern schmiegen sich dicht an die Profilierungen an.

as Marienportal, von dem
im 19. Jahrhundert viele
Teile originalgetreu erneuert
worden sind, ist eines der ältes-
ten Säulenportale der Romanik
in Deutschland.

ergleichen Sie das
auf der Vorderseite
des 10-Euro-Scheins
abgebildete Portal mit
dem Marienportal des
Kaiserdoms.
Auf der Banknote han-
delt es sich um die ideali-
sierte Darstellung einer
romanischen Portalan-
lage, die keinem
bestimmten Bauwerk
zugeordnet werden soll.
Mit dem Motiv wird die
Romanik als gesamteuro-
päischer Baustil themati-
siert.

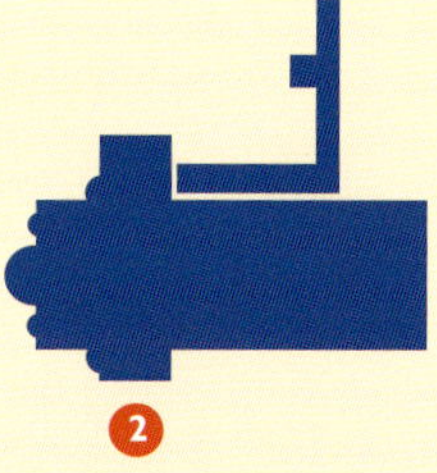

2

Löwenportal

Als Hauptzugang in die Kirche ist das »Löwenportal« besonders aufwändig gestaltet. In mehreren rechtwinkligen Stufen ist es in die Tiefe der Wand zurückgesetzt. Den größten Rücksprung weist der äußere Bogen auf, bei dem es sich um den Bauwerkssockel selbst handelt.
An dieser Stelle zeigt sich die Erfindungskraft des Architekten: Nicht in einem einfachen Bogen lässt er den Sockel mit all seinen Profilierungen um das Portal herumfahren, sondern in einer Art Dreipass. So gelingt es ihm, unter den Nebenbogen Löwenfiguren zu postieren und zwischen ihren Rücken und den Knickpunkten des Bogens Säulen einzuschieben, die die Tierkörper zu Boden drücken.

Die Säulen sind reich verziert. Ihre Kapitelle[1] sind aus Palmblättern gefügt, die geradezu lebendig weit in den Raum hinauswachsen und sich an den Kapitellecken fächerförmig entfalten – daher die Bezeichnung »Palmettenfächerkapitell«.
(s. auch Seite 86, 87)

[1]*Kapitell: eigenständig geformtes Kopfstück einer Säule. Darüber liegt der Kämpfer(-block).*

(Rekonstruktionsversuch: Neubauer Restaurierungswerkstätten GmbH, Bad Endorf)

An den Portalbögen haben sich noch Farbreste aus der Erbauungszeit erhalten. Sie lassen darauf schließen, dass das gesamte Portal einst farbig gefasst war.

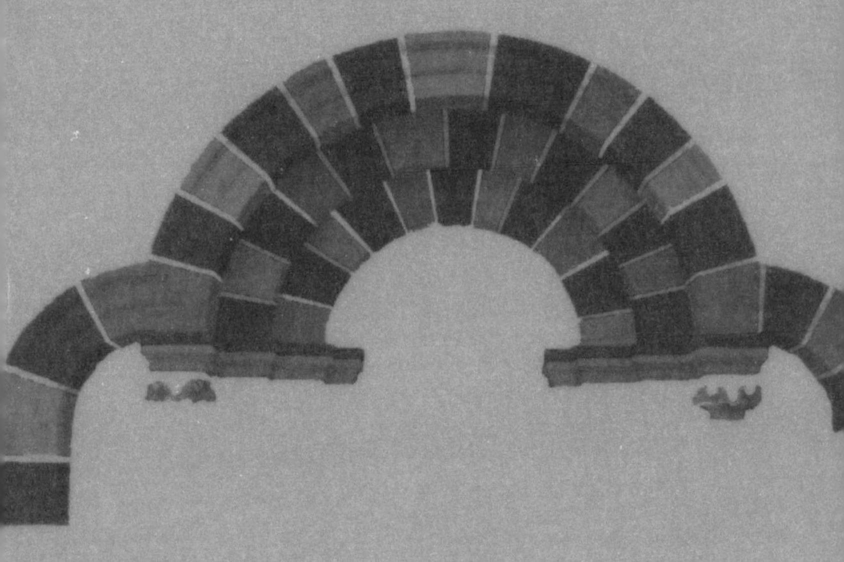

A n den Portalbögen haben sich noch Farbreste aus der Erbauungszeit erhalten. Sie lassen darauf schließen, dass das gesamte Portal einst farbig gefasst war.

Der linke Löwe hält eine menschliche Figur fest in seinen Pranken, die Krallen bohren sich tief ins Fleisch des Opfers. Offenbar ist hier das 'Böse' gemeint. Das Gegenstück auf der rechten Seite legt sich, so scheint es, schützend über einen Widder – oder wird dieser gefangen gehalten?[2] Beide Löwen sind im 19. Jahrhundert nach den stark verwitterten Originalfiguren gearbeitet worden, die seitdem im Inneren der Kirche aufgestellt sind (südliches Seitenschiff, s. Seite 48).

[2]*Löwe: mehrdeutiges Symboltier. Im Mittelalter konnten Dinge und Tiere mehrere (sogar gegensätzliche) Bedeutungen haben, und zwar so viele, wie sie Eigenschaften besitzen. Der Löwe kann für Macht, Herrschaft und Stärke stehen und als »König der Tiere« ein Symbol für Christus sein. Er verbreitet aber auch Angst und Schrecken, verkörpert somit oft auch das Böse, den Teufel. Alle Bedeutungen lassen sich durch Bibelstellen belegen.*

Zum Vergleich: Verona, S. Zeno, Portalvorhalle und rechte Löwenfigur

Italien

Vorbilder für das Königsluttersche Löwenportal sind die großen Portalanlagen oberitalienischer Kirchen, z.B. am Dom zu Modena oder an S. Zeno in Verona. Dort liegen die Löwen zwar in einigem Abstand vor der Wand und sind zudem anders gerichtet, doch die enge Verwandtschaft der Figuren lässt sich unschwer erkennen. Achten Sie beispielsweise auf die Backenknochen, auf die Mähnenansätze oder die Ohrmuscheln.

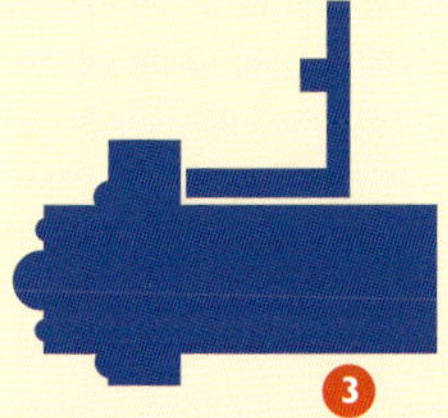

Kaiserdom, Löwenportal, rechte Löwenfigur

Westbau – außen

Im Westen wird der Kaiserdom durch einen blockhaften, weitgehend ungegliederten Baukörper abgeschlossen. Er ist etwas breiter als die drei Schiffe des Langhauses und überragt das Dach des Mittelschiffs. Riegelartige Westbauten dieser Art (Westriegel) sind typisch für die romanische Baukunst in Sachsen[1].
Die oberen Teile und die beiden achteckigen Türme sind wohl erst im 15. Jahrhundert vollendet worden.

[1] *Sachsen: mittelalterliches Herzogtum, das sich vom Niederrhein bis an die Elbe und die Ostsee erstreckte.*

Mittelschiff
Romanische Bauteile

Das basilikale[1] Langhaus — bestehend aus dem hohen Mittelschiff und den zwei niedrigeren und schmaleren Seitenschiffen — ist als zweiter Bauabschnitt nach der Errichtung der östlichen Teile (Querhaus und Chöre) entstanden.

Wuchtige Pfeilerarkaden[2] beherrschen den Raum. Die Kämpfer[3] der Pfeiler zeigen im Wechsel unter den Deckplatten entweder dicke Wülste oder mehrere feinere Profilierungen. Oberhalb der Arkaden verläuft ein Fries, der aus kleinen Würfeln zusammengesetzt ist (Würfel- oder Schachbrettfries).

[1]Basilika (basilikal): langgestreckte, drei- oder fünfschiffige Anlage, deren Mittelteil die Seiten um die Höhe des Obergadens überragt.

[2]Arkade: Bogen oder auch Bogenfolge, nach Art der Stützen Pfeiler- oder Säulenarkade.

[3]Kämpfer: Widerlager eines Bogens. Insbesondere wird als Kämpfer auch der auskragende obere Abschluss eines Pfeilers bezeichnet.

Barockes Gewölbe[1]

Die über dem Würfelfries angebrachten Konsolen mit den skurrilen Köpfen stammen nicht aus der Romanik. Sie sind zusammen mit den Kreuzgratgewölben, die von ihnen getragen werden, erst im ausgehenden 17. Jahrhundert eingebaut worden. Im Schlussstein[2] des westlichen Gewölbes ist das Jahr 1695 angegeben.

Gotisches Gewölbe

Die barocken Gewölbe ersetzen gotische Vorgänger aus dem 15. Jahrhundert, die 1640 eingestürzt waren. Eine alte Sage berichtet über dieses Ereignis:

In Kriegszeiten trieben die Einwohner Königslutters ihr Vieh über die Treppe im Nordturm – im Volksmund »Ochsentreppe« genannt – auf den Dachboden der Kirche, um es vor plündernden Soldaten in Sicherheit zu bringen. Einmal soll der Boden der großen Belastung nicht mehr standgehalten haben und eingebrochen sein.

Tatsächlich war der Grund für den Einsturz jedoch ein anderer. Die Mittelschiffwände waren nur für eine Holzdecke ausgelegt. Für die nachträglich im 15. Jahrhundert eingebauten Gewölbe waren sie zu dünn und gerieten aufgrund der Schubkräfte[3] im Verlauf der Zeit immer mehr aus dem Lot, bis schließlich die Gewölbe instabil wurden und einstürzten.

Die Fenster im Obergaden[4] sind axial auf die Arkaden bezogen. Dies zeigt, dass bei der Errichtung der Hochwände im 12. Jahrhundert nicht mit einer Einwölbung gerechnet wurde. Die Gewölbe 'passen' nicht über die Fenster. Deren Leibungen werden von den Gewölberändern in unschöner Weise überschnitten. Vorgesehen und ausgeführt war zunächst nur eine flache Holzdecke.

Der ursprüngliche Plan des Kaisers

Diese Holzdecke entsprach jedoch keineswegs der ursprünglichen Planung. Nach dem Willen des Kaisers sollte der gesamte Bau eingewölbt werden. Hätte man nach Errichtung der östlichen Raumteile (Querhaus und Chöre) diese Absicht nicht aufgegeben und sich nicht zu einem vereinfachten Weiterbau entschieden, wäre der Kaiserdom der erste vollständig gewölbte Großbau in Norddeutschland gewesen.

Die barocken Gewölbe[5] im Mittelschiff und die gotischen in den Seitenschiffen (s. Seite 48-51) geben einen guten Eindruck von dem ursprünglich Beabsichtigten. Allerdings wird man sich statt der einfachen Pfeiler im Langhaus ein differenziertes Stützensystem vorstellen müssen.

[1]*Gewölbe: gekrümmte Flächen bildende Raumdeckung aus druckfestem Material (Gusswerk, Steine). Nach Aufbau und Gliederung werden verschiedene Formen unterschieden, z.B. Tonnen-, Kreuzgrat-, Kreuzrippengewölbe (s. Erläuterung auf Seite 37).*

[2]*Schlussstein: Der abschließende Stein in einem Bogen oder Gewölbe ist oftmals besonders gestaltet oder verziert.*

[3]*Schubkräfte: beim Gewölbe auftretende, nach außen gerichtete Horizontalkräfte.*

[4]*Obergaden: obere Wandzone im Mittelschiff einer Basilika.*

[5]*Die heutigen Gewölbe aus dem Barock sind in den 1960er Jahren statisch gesichert worden, um einen Einsturz zu verhindern.*

Die Malereien an den Hochwänden

Die Malereien an den Hochwänden des Mittelschiffs sind in den Jahren um 1890 nach Plänen August Essenweins entstanden (s. Seite 76, 77). Sie zeigen Verbildlichungen der vier Elemente und der vier Tageszeiten als Hinweis auf das biblische Thema der Schöpfung. Im Zentrum steht jeweils eine geflügelte Figur, die von Bäumen und symbolischen Tierdarstellungen begleitet wird.

Auf der Südseite sind die vier Elemente dargestellt. Von West nach Ost (rechts nach links):

TERRA (Erde):
Von Löwen begleitet hält die geflügelte Figur ein Garbenbündel im linken Arm.

AQUA (Wasser):
Das geflügelte Wesen hält einen Dreizack mit aufgespießten Fischen. Rechts und links wird es von phantastischen Meerestieren begleitet, die an Delphine oder Wale erinnern.

AER (Luft):
Auf den Handrücken der von Adlern flankierten Figur tanzen kleine Vögel.

IGNIS (Feuer):
Die geflügelte Figur steht zwischen zwei Drachen und hält brennende Fackeln in den Händen.

Auf der Nordseite sind die Tageszeiten dargestellt. Von Ost nach West (rechts nach links):

DILUCULUM (Morgendämmerung):

Die geflügelte Figur zieht die goldene Sonnenscheibe aus ihrem grauen Gewand hervor.

MERIDIES (Mittag):

Die Figur hält die volle Sonnenscheibe hoch über dem Kopf.

CREPUSCULUM (Abenddämmerung):

Die Sonnenscheibe wird zum Teil vom Gewand bedeckt.

NOX (Nacht):

Die Figur zieht ihr dunkles Gewand vor das Gesicht.

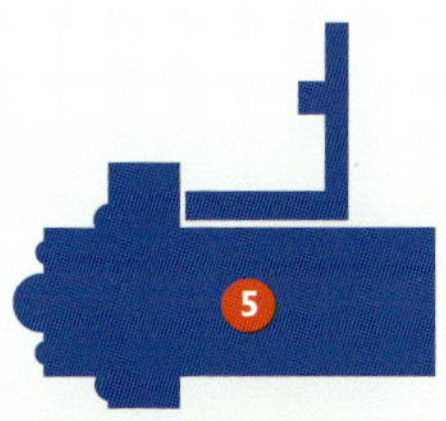

Gewölbe mit Malereien im barocken Stil

Auch die Malereien an den Mittelschiffgewölben sind um 1890 nach einem Konzept von August Essenwein entstanden (s. Seite 76, 77). Während Essenwein an den Wandflächen die mittelalterliche Bilderwelt zu imitieren suchte, hat er das barocke Gewölbe (1695) mit einer ornamentalen Bemalung im Stil des 17. Jahrhunderts versehen, um nicht eine frühere Erbauungszeit vorzutäuschen (s. Seite 30).

Westbau – innen

In zwei weiten Rundbogen öffnet sich der Westbau[1] zum Mittelschiff. Im Obergeschoss, auf der Empore[2], ist die Orgel untergebracht (s. Seite 40, 41). Darüber spannt sich ein Kreuzgratgewölbe[3]. Der Raum im Erdgeschoss wird von einem Tonnengewölbe[3] bedeckt.

[1] *Westbau außen: s. Seite 26, 27*
[2] *Empore: Die mittelalterliche Nutzung von Emporen als Orte, von denen aus der Herrscher dem Gottesdienst beiwohnte, lässt sich nur selten nachweisen. In der Regel dienten Emporen im Mittelalter als Kapellen des Erzengels Michael.*
[3] *Gewölbeformen: Die einfachste Form eines Gewölbes ist das Tonnengewölbe (Tonne) mit rund- oder spitzbogigem Querschnitt. Durchdringen sich zwei gleich große Tonnen im rechten Winkel, entsteht ein Kreuzgratgewölbe mit charakteristischen, sich kreuzenden Graten.*

Tonnengewölbe

Am Tonnengewölbe[1] des Westbaus ist überwiegend eine Ausmalung des späten 15. Jahrhunderts sichtbar. Dargestellt ist die »Wurzel Jesse«[2], der Stammbaum Jesu. In den Ästen des Baums sind biblische Könige und Propheten angeordnet, bekrönt wird er von der Jungfrau Maria mit dem Jesuskind.

Unter diesen Malereien liegt eine dekorative Fassung des mittleren 15. Jahrhunderts mit großformatigen hellen Blättern vor rot-ocker-farbigem Grund, die sich heute optisch mit der »Wurzel Jesse« mischt.

[1] *Tonnengewölbe: s. Erläuterung auf Seite 37*
[2] *Wurzel Jesse: Nach dem Alten Testament war Jesse der Vater von König David. Da Jesus Christus zu einem Familienzweig Davids gehörte, war es im Mittelalter üblich, seinen Stammbaum mit Jesse beginnen zu lassen.*

Die beiden Fenster in der Westwand unter dem Tonnengewölbe sind mit mittelalterlicher Quadermalerei eingefasst. Zwischen ihnen ist – leider nur noch schemenhaft – die »Verkündigung« zu erkennen. Dargestellt ist das biblische Ereignis, als Maria die Geburt ihres Sohnes Jesus durch den Engel Gabriel verkündigt wurde.

Orgel

Die große romantische Orgel auf der Empore gilt als herausragendes Klangdenkmal. Gebaut wurde sie 1892 von der Firma Furtwängler&Hammer, einer in Hannover ansässigen Werkstatt, die die Geschichte des Orgelbaus in Norddeutschland lange Zeit wesentlich mitbestimmt hat. Durch viele grundtönige und streichende Register lässt sich ein sinfonischer Klang verwirklichen, der, ähnlich einem Orchester, im Volumen kontinuierlich ansteigt, ohne die Klangfarbe wesentlich zu verändern. Die Orgel besitzt ein Pedal- und drei Manualwerke, 44 klingende Register und fast 2500 Pfeifen.

Im Verlauf des 20. Jahrhunderts wurde die Orgel mehrfach umgebaut und dem Zeitgeschmack entsprechend verändert. Durch die in den Jahren 2008 bis 2010 durchgeführte Restaurierung konnte das Instrument in seinen ursprünglichen Zustand zurückgeführt und sogar um drei Register erweitert werden. Beim Bau der Orgel wurden diese zwar vorbereitet, jedoch nicht eingerichtet.

Der prächtige Orgelprospekt weist Schmuckelemente auf, die an das Formengut der Romanik und Gotik anknüpfen. In der Mitte lässt er den Blick frei auf das große Westfenster mit der Darstellung König Davids.

[1]Die vom Helmstedter Bildhauer Michael Helwig (1663-1783) angebrachte Bezeichnung »Lotharius II.« bezieht sich auf die Tatsache, dass Lothar der zweite Kaiser dieses Namens war. Er selbst nannte sich »der dritte«, sah sich mithin als Nachfolger des fränkischen Kaisers Lothar I. und dessen Sohn Lothar II., der im 9. Jh. nur als König regierte.

Kaiserliche Grablege

Beim Einsturz der gotischen Gewölbe, Vorgänger der heutigen Gewölbe im Mittelschiff, wurde 1640 das mittelalterliche Kaisergrabmal aus dem 13. Jahrhundert zerstört. Reste davon sind noch vorhanden (s. Seite 46, 47).

Das 1708 aufgestellte barocke Grabmonument zeigt drei Liegefiguren. Sie stellen die hier bestatteten Mitglieder der kaiserlichen Familie dar: in der Mitte den 1137 gestorbenen Kaiser Lothar III.[1] (s. Seite 10, 11), daneben dessen Schwiegersohn, Herzog Heinrich den Stolzen, gestorben 1139, sowie die Kaisergemahlin Richenza, gestorben 1141.

Die Position und die Anordnung der Figuren stimmen nicht mit der tatsächlichen Situation überein: Bodenplatten vor der Tumba kennzeichnen die genaue Lage der Sarkophage, die sich nur wenig unterhalb des Fußbodens befinden. Richenza liegt tatsächlich auf der linken Seite des Kaisers, Heinrich rechts von ihm. Im vierten Grab (neben dem Herzog) ist ein Kind bestattet. Mit Sicherheit war der im Alter von 9 Jahren verstorbene Junge ein enges Mitglied des Kaiserhauses. Die genauen verwandtschaftlichen Beziehungen konnten bisher jedoch nicht geklärt werden. Entweder handelt es sich um einen Sohn des Kaiserpaares oder einen Sohn des Herzogs und der Kaisertochter Gertrud, also um einen Bruder Heinrichs des Löwen (s. Seite 11).

Grabfunde

Die Grablegen im Kaiserdom zeichnen sich durch außergewöhnlich viele Beigaben aus. Beim Kaiser fand man neben einer bleiernen Inschriftentafel Nachbildungen der Herrschaftsinsignien Zepter, Schwert und Reichsapfel[1]. Zudem hatte man ihm vergoldete Sporen, Kelch und Patene (Hostienteller) sowie einen goldenen und einen silbernen Fingerring ins Grab gelegt. Aus dem Sarkophag Richenzas entnahm man eine bleierne Grabkrone. Darüber hinaus konnten kleine Stücke von Gewändern und sogar Reste der Blumenbeigabe der Kaiserin geborgen werden.

Bleikrone aus dem Sarkophag der Kaiserin Richenza (Braunschweigisches Landesmuseum)

[1] *Reichsapfel: Insignie der römischen Kaiser. Er wurde in der linken Hand zum Zeichen der Weltherrschaft getragen. Die christlichen Kaiser fügten der Weltkugel, dem 'Apfel', ein Kreuz hinzu. In Königslutter ist dieses Kreuz jedoch irgendwann entwendet worden.*

Teile der Sporen Kaiser Lothars, vergoldete Bronze
(Braunschweigisches Landesmuseum)

Zwei Ringe aus dem Grab Kaiser Lothars: Der goldene Thebalring ist mit der Inschrift THEBALGVTGVTANI versehen und sollte den Träger vor Krankheiten schützen. Der elfeckige Silberring weist Zeichen aus den drei Sprachen der Bibel auf.
(Braunschweigisches Landesmuseum)

Gotisches Grabmal

Beim Einsturz des spätgoti-schen Mittelschiffgewölbes (s. Seite 30, 31) wurde die Grab-platte aus der 1. Hälfte des 13. Jahrhunderts zerstört. Die Über-reste galten als verschollen, bis man sie 1978 bei Restaurierungs-arbeiten unter der barocken Tumba (s. Seite 42, 43) wieder-entdeckte. Ab 2014 finden die Fragmente im Kirchenraum ihren vorläufigen Aufstellungsort.

Die Skulpturen – der Kaiser in der Mitte, auf seiner linken Seite Richenza und auf der rechten Heinrich der Stolze – haben einen Doppelcharakter: Sie sind gleichzeitig Stand- und Liegefiguren. Das Stehen zeigt sich an den straff nach unten fallenden Gewändern und den flach aufsetzenden Füßen. Das Liegen wird am Kopf des Kaisers deutlich, der auf ein flaches Kissen gebettet ist.

Der Kaiser hält den Reichsapfel[1] in höfisch-gezierter Weise zwischen Daumen und Zeigefinger. Ein Teil des Zepters ist auf der rechten Seite des bekrönten Kaiserhauptes zu erkennen. Das Bildnis des Schwiegersohnes zeigt den Herzog, wie er mit der rechten Hand das Schwert hält und mit der linken am Band zieht, mit dem der umgehängte Mantel geschlossen ist.

Deutlich sind an den etwas grob, aber handwerklich durchaus gekonnt gebildeten Figuren noch die Reste der einstigen Bemalung erkennbar.

[1]*Reichsapfel: s. Erläuterung auf Seite 44*

Südliches Seitenschiff

Im 19. Jahrhundert hat man die stark verwitterten Löwen vom Hauptportal (s. Seite 22-25) ins Innere der Kirche versetzt. Seitdem 'bewachen' sie den Durchgang vom südlichen Seitenschiff in den Kreuzgang. Trotz der Zerstörungen spürt man die Kraft und Spannung der lebendig wirkenden Tierkörper mit den realistischen Details, wie Mähne, Pranken und Schwanz.

Es war jedoch nicht die Absicht des Bildhauers, naturgetreue Nachbildungen echter Löwen zu schaffen. Die Figuren sind als eigenständige künstlerische Schöpfungen zu bewerten.

Die Gewölbe mit ihren spitzen Bogen und gekehlten Rippen sind gotisch. Sie wurden erst im 15. Jahrhundert eingebaut. Einige Konsolen[1] sind als Köpfe gebildet. Möglicherweise haben sich Äbte, Mönche oder Baumeister an diesen Stellen abbilden lassen, eher handelt es sich aber um bloße Phantasiedarstellungen. Im östlichen Joch fallen die einzelne Wandsäule mit dem schönen Blattkapitell und die Winkelsäulen am Vierungspfeiler und in der Südost-Ecke auf. Sie gehören noch zur ersten Bauphase (s. Seite 51).

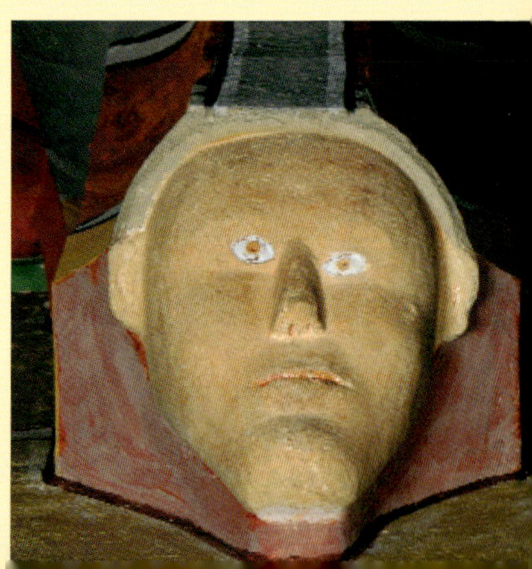

[1] *Konsole: tragender Vorsprung an einer Wand oder an einem Pfeiler.*

Nördliches Seitenschiff

Als das Mittel- und die beiden Seitenschiffe errichtet wurden, hatte man den ehrgeizigen Plan für eine vollständige Einwölbung aller Raumteile bereits aufgegeben. So wurden zunächst nur Holzdecken eingebaut. Von der ursprünglichen Absicht zeugen in den östlichen Jochen[1] der beiden Seitenschiffe die Halbsäulen an den Wänden, die Winkelsäulen und die romanischen Gewölbeanfänger.

Das Eingangsjoch wird von zwei kräftigen Gurtbogen betont. Der westliche ruht auf fast vollrunden Säulen mit pfeilerartigen Aufsätzen, der östliche auf Wandpfeilern. Das Gewölbe ist mit Wulstrippen und einem hängenden würfelförmigen Schlussstein[2] versehen. Es ist älter als die nach Osten folgenden gotischen Gewölbe mit gekehlten Rippen.[3]

Rabenkapitell

Das figürliche Kapitell im Eingangsbereich zeigt zwei (an den Kapitellecken) abwärts stürzende Raben mit weit ausgebreiteten Flügeln und blattartig eingerollten Schwänzen. Mit ihren Krallen und Schnäbeln halten die Vögel einen Ring. Der Rabe ist ein mehrdeutiges Symboltier. Im christlichen Mittelalter galt er einerseits als unrein, boshaft, Unglück bringend und war Symbol des Sünders. Andererseits wurde er – wie schon in der nordischen und germanischen Mythologie – positiv gedeutet als wissend und weissagend, als Bote Gottes und hilfreicher Gefährte von Heiligen.

Auf der östlichen Kapitellseite, zwischen Rabenflügel und Pfeiler, ist ein Basilisk dargestellt, ein Mischwesen aus Hahn, Kröte und Schlange. Der Basilisk ist ein mythisches Fabeltier und symbolisiert die Sünde. Sein Atem und sein Blick galten im Mittelalter als todbringend.

[1] *Joch: von einem Gewölbe überdeckte, durch Stützen und quer zur Längsachse gespannte Bogen (Gurtbogen) abgetrennte Raumeinheit.*

[2] *Schlussstein: s. Erläuterung auf Seite 31*

[3] *Kreuzrippengewölbe: Im Gegensatz zum Kreuzgratgewölbe (s. Seite 37) ist das Kreuzrippengewölbe mit tragenden Diagonal-Rippen aus Werksteinen versehen. Das K. ist eine typische Bauform des gotischen Baustils. Die Rippen können die unterschiedlichsten Formen haben.*

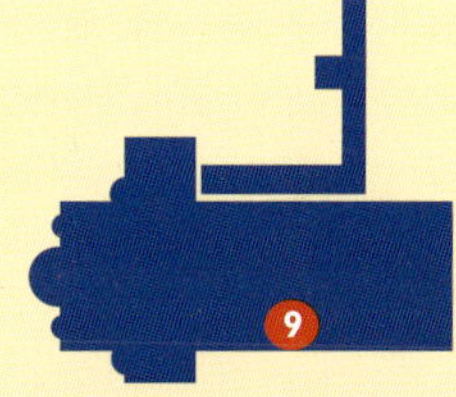

Querhaus

Die Vierung[1] wird architektonisch durch kräftige Bogen hervorgehoben, die teilweise von Konsolen abgefangen werden. Der quadratische Grundriss gibt das Maß vor für die anschließenden Raumteile: die beiden Querarme und den Hauptchor (s. Seite 62, 63).
Früher war dies der Ort, wo das Chorgestühl stand und sich die Mönche zum Gottesdienst versammelten. Zum Mittelschiff hin gab es eine Schranke oder einen Lettner.[2]

[1]*Vierung: Raumteil, in dem sich die beiden Hauptachsen der Kirche kreuzen. Vierung und Querarme bilden zusammen das Querhaus.*

An die Vierung schließen sich nördlich und südlich die Querarme an. Sie öffnen sich in die Langhausseitenschiffe und gegenüber in die Chorseitenschiffe (Nebenchöre). An den östlichen Querarmseiten sind zudem Nebenapsiden angefügt.
Die monumentale Wirkung dieser Raumteile beruht auf den weit gespannten Gewölben. Sie gehören zum Ursprungsbau und gelten als die frühesten Großgewölbe der Romanik in Norddeutschland. Es handelt sich um Kreuzgratgewölbe[3], die von jeweils vier

[2]*Lettner: hölzerne oder steinerne Wand, die in Dom-, Kloster- und Stiftskirchen den Raum der Priester und Mönche vom übrigen Kirchenraum, der für die Laien bestimmt war, abtrennte. Der Lettner stand entweder unter dem westlichen Vierungsbogen oder quer im Mittelschiff.*
[3]*Kreuzgratgewölbe: s. Erläuterung auf Seite 37*

schlanken, in den Raumecken aufgebauten Säulen getragen werden (»Baldachin-Gewölbe«).
Besonders zu beachten sind die Gewölbeansätze (oberhalb der Kämpfer) in den Querarmen. Dort treten die Grate zwischen den Bogen extrem geschärft hervor.
Aufgrund ihrer Eigenarten sind die Gewölbe des Kaiserdoms (Querarme, Chor) mit entsprechenden Vorbildern in Oberitalien in Verbindung zu bringen.

Moses und Johannes der Täufer

Die Malereien an den westlichen Vierungspfeilern thematisieren Altes und Neues Testament.

Auf der einen Seite steht eine der bedeutendsten Gestalten des Alten Testaments, der Prophet Moses. Er zeigt auf die Gesetzestafeln (10 Gebote), die er im linken Arm hält. Moses wird seit dem Mittelalter häufig als »Gehörnter« dargestellt. So auch hier: In den Kopfhaaren sind zwei Hörner angedeutet, die ikonographisch auf einen Strahlenkranz verweisen.

Auf der Seite gegen-
über ist Johannes der
Täufer dargestellt.
Er weist auf das Lamm
Gottes mit Kreuzes-
fahne, Symbol für
Leiden, Tod und Sieg
Christi. Die lateinische
Inschrift heißt übertra-
gen: Gnade kommt
durch Christus.

Beide Figuren stehen
unter gotischen Zier-
giebeln, über denen
Phantasiearchitekturen
mit Türmen, Kuppeln
und zinnenbewehrten
Mauern zu sehen sind.

GLORIA IN EXCELSIS DEO ET IN TERRA PAX HOMINIBVS BONAE V

Engelschöre

Auch die Malereien im Querhaus stammen aus dem 19. Jahrhundert und sind Teil der Neugestaltung des Innenraumes durch August Essenwein (s. Seite 76, 77).

An den Wänden der Querarme sind Engelschöre dargestellt, insgesamt sechs zu je sieben Engeln. Sie stehen auf hellblauen Wolkenbändern und halten Musikinstrumente in den Händen oder tragen Spruchbänder mit Texten aus dem Alten und dem Neuen Testament.

IOANNES FABRICIVS
ALTORFINVS
S. THEOL. DOCT. QVE PRIMVM IN ALTORFINA
DEINDE IN IVLIA ACADEMIA ORDINARIVS
AC PRIMVS TANDEMQVE HONORARIVS
SERENISS. DVCIS BRVNSVIC. AC LYNEB.
A CONSIL. CONSISTOR. ET ECCLES.
ABBAS REGIAE LVTERAE
ET SCHOLARVM DVCAT. WOLFENB. INSPECTOR GENERALIS
REGIAEQVE SCIENTIAR. SOCIETATIS BEROLIN. SODALIS
OBIIT DIE XXIX. IANVAR. A. C. MDCLXXIX. AETAT. LXXXV.
SEPELIRI VOLVIT IN COEMETERIO
MARITO AC PARENTI DESIDERATISSIMO
AEMILIA IVSTINA HOFMANIA
ET
NIEVDOLPHVS ANTONIVS FABRICIVS
PIETATIS ET HONORIS CAVSSA
M. H. F. C.

Fabricius-Epitaph[1]

An der Südwand des Querhauses ist das Alabaster-Epitaph für den 1729 im Alter von 85 Jahren verstorbenen Abt Johann Fabricius angebracht. Über der Inschriftentafel ist in ovaler Fassung das Brustbildnis des Theologen eingelassen. Die seitlich angeordneten Engelsfiguren stellen links durch Stundenglas und Sense den Tod dar, rechts mit den Palmzweigen das ewige Leben. Die Putten auf dem gesprengten Giebel symbolisieren Glaube (Buch) und Liebe (Lamm).

Fabricius war einer der führenden Theologen seiner Zeit, ab 1697 Professor an der Universität in Helmstedt und ab 1701 gleichzeitig Abt in Königslutter. Gemeinsam mit dem Philosophen Gottfried Wilhelm Leibniz trat er für eine Wiedervereinigung der Konfessionen ein.

Im Jahre 1705 wurde Fabricius von Herzog Anton Ulrich um ein theologisches Gutachten gebeten. Es sollte die Frage geklärt werden, ob die Enkelin des Herzogs, Elisabeth Christine (1691-1750), zum katholischen Glauben konvertieren dürfe, um den Habsburger und spanischen Kronprätendenten Karl heiraten zu können. Fabricius stellte fest, dass ein katholischer ebenso wie ein evangelischer Christ »recht glauben, christlich leben und selig sterben« könne, es also keinen Grund gegen den Übertritt gäbe. Die Prinzessin heiratete Karl, der später als Karl VI. römisch-deutscher Kaiser wurde. Aus der Ehe ging die Tochter Maria Theresia (1717-1780) hervor, Enkelin war die französische Königin Marie Antoinette (1755-1793).

Nach Bekanntwerden seiner Stellungnahme musste Fabricius sein Lehramt in Helmstedt aufgeben. Verbittert zog er sich in seine Abtei nach Königslutter zurück.

[1] Epitaph: Grabdenkmal, das unabhängig vom Bestattungsort innerhalb oder außerhalb der Kirche an einer Wand oder an einem Pfeiler angebracht ist.

Schmuckfußboden

Im Zuge der bis 2010 durchgeführten Restaurierungsmaßnahmen wurde auch der Schmuckfußboden aus dem 19. Jahrhundert rekonstruiert. Im Querhaus bilden die diagonal verlegten gelben und grau-schwarzen Zementfliesen quadratische Muster. Im Hauptchor, in den Nebenchören und in der Apsis sind die Quadratfelder mit hellen oder dunklen sternförmigen Ornamenten ausgefüllt.
Die in den Malereien angelegte Steigerung der Farbigkeit und Formenvielfalt von West nach Ost spiegelt sich im Bodenbelag des Ostbaus wider. Auch der Wechsel des Belags zwischen Lang- und Querhaus folgt diesem Prinzip.

Die Messing-Kreuze im Fußbodenbelag des Kaiserdoms markieren Gräber, die durch archäologische Untersuchungen nachgewiesen worden sind. Sie sollen daran erinnern, dass sich im gesamten Innenraum der Kirche Grablegen befinden. Nicht nur die Angehörigen der kaiserlichen Familie haben sich hier bestatten lassen, sondern auch viele Äbte sowie hochgestellte Persönlichkeiten.

Sakristei

Vom südlichen Querarm gelangt man durch die rechte Tür in einen tonnengewölbten Raum. In früheren Zeiten war dies die Schatzkammer des Klosters, später wurde hier Bier gelagert. Erst seit dem 19. Jahrhundert dient der Raum als Sakristei, das heißt zur Vorbereitung der Gottesdienste und zur Aufbewahrung von liturgischem Gerät und Paramenten (Textilien).

Chor und Apsis

Der Hauptchor[1] hat, wie die Vierung und die Querarme, einen quadratischen Grundriss. Er wird von Nebenchören (Chorseitenschiffen) flankiert. Doppelte Arkaden stellen eine Verbindung dieser Raumteile her (Hirsauer Chorschema), wobei jeweils eine Säulen- mit einer enger gestellten Pfeilerarkade kombiniert wird.

Die beiden Säulenkapitelle, die antike korinthische Vorbilder zitieren, sind prächtig dekoriert mit Akanthusblättern, Tier- und Menschenköpfen. Sie sind der Höhepunkt der reichen Bauskulptur, die sich an allen Kapitellen, Kämpfern und Friesen im Ostbau zeigt.

Das Chorgewölbe (einschließlich der vier Randbögen) wird wie die Gewölbe des Querhauses von vier schlanken Säulen getragen (»Baldachin-Gewölbe«). Den Gewölbescheitel schmückt ein Schlussstein, der eine von üppig wachsenden Blättern eingefasste Frucht zeigt.

Zwischen dem Chorraum und der eingezogenen Apsis vermittelt ein Gurtbogen auf Wandvorlagen mit Ecksäulen. So stellt sich der Übergang von den Seitenwänden des Chores ins Apsidenrund als ein reich gestuftes und profiliertes 'Gewände' dar.

[1]*Chor (oder Presbyterium): für den Chorgesang und das Stundengebet der Geistlichen genutzter Raum am Ostende der Kirche, wo sich der Hauptaltar befindet.*

Lothar und Richenza

An den Innen
seiten der
östlichen Vierung
pfeiler sind die
beiden Stifter de
Kirchenbauwerks
dargestellt: im
Norden der Kais
mit seinen Insigni
– Krone, Schwer
und Reichsapfel –
und ihm gegen-
über im Süden s
Gemahlin Richen
die Hände in
demutsvoller Ges
wie zum Gebet
erhoben.

RICHENZA · IMPERATRIX ·

ECCE AGNVS DEI QVI TOLLIT PECCATA MVNDI
S MATHEVS
S IOHANNES
A ω

Hauptapsis

In der Apsidenkuppel thront Christus in einer regenbogenfarbenen Mandorla[1] – eine 'Majestas Domini' genannte Bildkomposition. In der linken Hand hält er das Buch des Lebens, die rechte ist zum Segen erhoben. Alpha und Omega, der erste und letzte Buchstabe des griechischen Alphabets, stehen für Christus, der sich nach der Bibel als »der Anfang und das Ende« bezeichnet. Die Darstellung wird umrahmt von den Symbolen der vier Evangelisten: von einem Engel für Matthäus, einem Löwen für Markus, einem Adler für Johannes, einem Stier für Lucas.

An den Seiten stehen die beiden Schutzpatrone der Kirche, Petrus (mit dem »Schlüssel zum Himmelreich«) und Paulus (mit Buch). Der Apsidenbogen ist mit sieben Tauben als Sinnbild der Sieben Gaben des Heiligen Geistes geschmückt. Auf dem vorgelagerten Gurtbogen sind zwölf Widder als Symbole der Apostel zu sehen und in der Mitte das Lamm Gottes mit Kreuzesfahne als Symbol für Leiden, Tod und den Sieg Christi.

Von den vier Heiligen, die in der Fensterzone dargestellt sind, ist nur der ganz rechts stehende im 19. Jahrhundert vollständig neu ausgeführt worden. Bei den drei anderen Heiligen wurden die erhaltenen Reste der mittelalterlichen Originale lediglich übermalt. Die Augen hat man dabei ausgespart – einzig an diesen Stellen liegt romanische Malerei offen!

Nicht übermaltes Auge

[1] *Mandorla (ital. Mandel): mandelförmige Rahmenform, Christus oder Maria vorbehalten.*

Apsis-Fenster

Die Farbverglasungen der Fenster sind im Zusammenhang mit der Ausmalung im 19. Jahrhundert entstanden (s. Seite 76, 77). Die drei großen Apsidenfenster zeigen jeweils drei biblische Szenen in kreisförmigen Feldern.

Linkes Fenster:
Verkündigung, Geburt
und Anbetung (Weihnachten).

Mittleres Fenster:
Kreuztragung, Kreuzigung
und Kreuzabnahme.

Rechtes Fenster:
Auferstehung (Ostern),
Himmelfahrt und Ausgießung
des heiligen Geistes (Pfingsten).

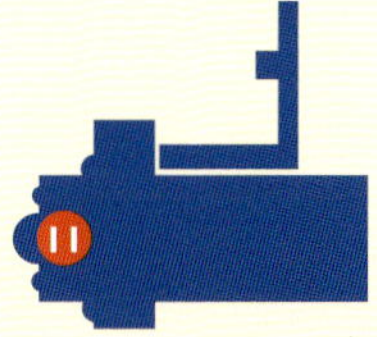

Tugenden

An den Wänden des Haupt-
chores werden Allegorien
von 14 Tugenden gezeigt. Sie sind
durch Inschriften sowie durch
Symbole auf den Fahnen ihrer
Lanzen bezeichnet. Unter ihren
Füßen winden sich die entsprechenden Laster.

Auf der Nordseite

wird der Reigen von den drei
wichtigsten christlichen Tugenden
Liebe, Glaube, Hoffnung (CARI-
TAS, FIDES, SPES) angeführt.
Es folgen: Gerechtigkeit
(IUSTITIA), Beständigkeit
(CONSTANTIA), Mäßigung
(TEMPERANTIA) und Eintracht
(CONCORDIA).

An der Südseite finden sich von Ost nach West:

Enthaltsamkeit (ABSTINENTIA), Weisheit (SAPIENTIA), Demut (HUMILITAS), Gehorsam (OBEDIENTIA), Geduld (PATIENTIA), Sanftmut (MANSUETUDO) und Stärke (FORTITUDO).

Himmlisches Jerusalem

Die Malerei am Gewölbe des Hauptchores zeigt das Himmlische Jerusalem. Es handelt sich um ein Motiv aus der Offenbarung des Johannes (Kapitel 21). Im Mauerkranz sind zwölf Tore eingelassen, aus denen Propheten mit Spruchbändern heraustreten. Der ockerfarbene Grund steht für Gold – in Anlehnung an die Beschreibung der Stadt in der Bibel.

In den Gewölbezwickeln sind die vier Paradiesflüsse als bärtige Männer dargestellt. Sie halten Krüge, aus denen Wasser herausfließt. Die Flüsse, die nach der Bibel das Paradies bewässern, werden oft mit den vier Evangelisten verglichen, die die Botschaft Christi in die Welt hinaustragen.

Osterleuchter

Zur originalen Ausstattung des
12. Jahrhunderts gehört der
noch heute regelmäßig benutzte
Osterleuchter. Ein über kreuzför-
migem Grundriss angelegtes, aus
Elmkalkstein bestehendes
Häuschen mit vier Giebelfronten
und Schindeldächern dient als
Träger des gedrehten, mit
Wülsten und Perlstäben verzier-
ten Schafts aus Marmor.

Taufstein

Fuß und Schaft des achtseitigen
Taufsteins sind reich profiliert.
Den Übergang zur Schale bildet
ein Eierstab. An der Schalenseite
wechseln sich Engelsköpfe mit
facettierten Rechtecken ab. Der
abschließende Wulst ist mit typi-
schen Renaissance-Verzierungen
versehen. Die Inschriften nennen
die Namen der Stifter des
Taufsteins sowie das Datum
1. Januar 1614.

Nach byzantinischen Vorbildern?
Kopf des Christus, Detail aus der 'Majestas Domini'
in der Hauptapsis

Gesamtkunstwerk des Historismus

Ende des 19. Jahrhunderts befand sich der Kaiserdom in einem so schlechten Zustand, dass eine Renovierung unumgänglich geworden war. Prinz Albrecht von Preußen, der Regent des Herzogtums Braunschweig, regte eine vollständige Neugestaltung des Kirchenraums an, die der Bedeutung der Kirche angemessen sein sollte. Der Auftrag ging an den Architekten, Bauhistoriker und Museumsdirektor August von Essenwein (1831-1892), der sich durch zahlreiche ähnliche Restaurierungsprojekte in Deutschland einen Namen gemacht hatte.

Freigelegte mittelalterliche Malereien in der Apsis und an einigen anderen Stellen (Fensterlaibungen, Gurtbogen) bildeten die Grundlage für Essenweins Konzept einer Neuausmalung.
Die Ausführung lag in den Händen des Hofmalers Adolf Quensen (1851-1911), der schon zuvor am Braunschweiger Dom mit Essenwein zusammengearbeitet hatte und mit dessen Methoden vertraut war. Nach dem Tod Essenweins 1892 übernahm Quensen die Vollendung der Arbeiten im Querhaus und im Chor.

Essenwein ging davon aus, dass der Kirchenraum im Mittelalter vollständig mit biblischen Szenen und dekorativen Darstelllungen ausgemalt war. Diesen Zustand wollte er zurückgewinnen. Sein Ziel war die Schaffung einer »stylgemäßen« Raumfassung. Durch eine schablonenhafte und flächige Darstellungsweise wollte er dem verloren geglaubten Original möglichst nahe kommen. Bis auf den tonnengewölbten Erdgeschossraum des Westbaus und zwei Pfeilerfronten im Mittelschiff, die mit gotischen Malereien des 15. Jahrhunderts versehen sind, wurden alle Flächen des Innenraums in die Neugestaltung einbezogen. Auch die erhaltenen Reste bauzeitlicher Malereien in der Hauptapsis wurden übermalt – mit Ausnahme der Augen dreier Heiligenfiguren. Wo es keine figürlichen Darstellungen geben sollte, sind die Wand- und Gewölbeflächen mit ornamentaler Malerei versehen. Architekturelemente (Säulenschäfte, Kapitelle, Kämpfer, Friese) erhielten farbige Fassungen. Sowohl die Formenvielfalt als auch die Farbintensität nehmen von West nach Ost zu. Die benutzte Farbskala leitete Essenwein von den Originalmalereien ab.

Nach August von Essenwein handelt es sich um »kirchliche Lehrmalerei«. Die Bilder sollten klar und deutlich ihren biblischen Bedeutungsgehalt vermitteln: »Die Malerei hat aber Gedanken auszudrücken, alle Darstellungen, die sich im Mittelalter in der Apsis und im Chore der Kirche befinden, variieren nur ein Thema, es ist die Darstellung der Herrlichkeit des Herrn.«

Im Zuge der Ausmalung wurde auch die Kirchenausstattung erneuert. Dazu gehören der Schmuckfußboden im Ostbau (s. Seite 60), die Altäre, das Standkreuz, die Kanzel, Türen, Bänke, Hängeleuchten, Liedzeiger, sämtliche Fensterverglasungen und die Orgel (s. Seite 40, 41).

Die nahezu vollständig erhaltene historistische Raumfassung des Kaiserdoms ist ein herausragendes Gesamtkunstwerk und zugleich ein hervorragendes Beispiel 'schöpferischer' Denkmalpflege des 19. Jahrhunderts, das auch vor dem Hintergrund der Bestrebungen nach nationaler Selbstvergewisserung in der Kaiserzeit und dem Rückbezug auf das Mittelalter zu bewerten ist.

gust **Essenwein**

Adolf Quensen

Ehemalige Klausur

Der abgegrenzte innere Bereich des Klosters, die Klausur, war ausschließlich den Mönchen vorbehalten. Sie bestand aus mehreren Gebäuden und Räumen, die alle über die vier Galerien des Kreuzgangs (**1**) erschlossen wurden.

Zur ehemaligen Klausur gehört das zweigeschossige Gebäude am südlichen Querarm (**2**). Im Untergeschoss befindet sich seit dem 19. Jahrhundert die Sakristei (s. Seite 61). Das Obergeschoss ist in der Gotik erneuert worden.

An der südlichen Außenwand des Sakristeigebäudes sind Gewölbespuren zu erkennen, die auf eine vierschiffige Halle schließen lassen. Möglicherweise befand sich an dieser Stelle der Kapitelsaal (**3**). Nach Osten schloss sich eine kleine Kapelle an (**4**) – der Durchgang ist heute zugemauert, aber noch gut zu erkennen. Nach Westen folgte das Dormitorium (**5**), der Schlaftrakt der Mönche, von dem nichts mehr erhalten ist. Das große Gebäude im Süden der Anlage diente vor allem wirtschaftlichen Zwecken, im späten Mittelalter wohnte hier der Abt (**6**). Das Mauerwerk weist noch beträchtliche romanische und gotische Teile auf, die Konsolen an der Außenwand gehörten zu den Gewölben des Kreuzgangs. Die einstmals bedeutende Bibliothek des Klosters war in den Obergeschossen von Brunnenhaus (**7**) und Refektorium (**8**) untergebracht.

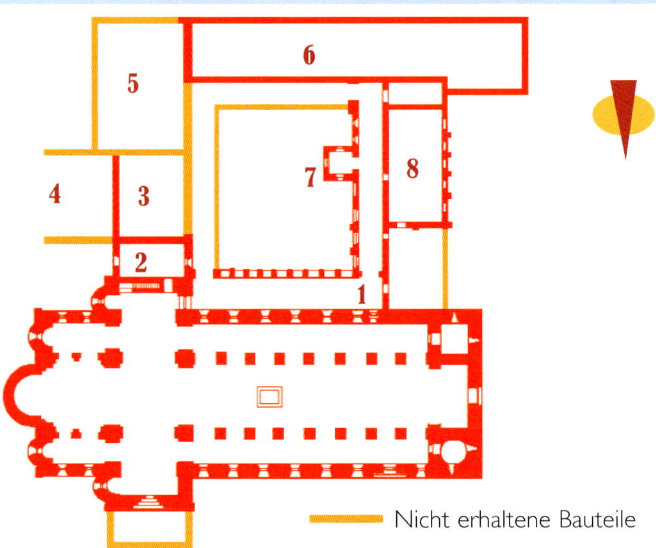

Die Benediktiner

Als 'Vater' des abendländischen Mönchtums gilt Benedikt von Nursia. Im Jahr 529 gründete er auf dem Monte Cassino (zwischen Rom und Neapel) ein Kloster, für das er seine berühmte, 73 Kapitel umfassende Regel schrieb. Deren Inhalt lässt sich durch die Formel *ora et labora (Bete und arbeite!)* zusammenfassen. Im Mittelpunkt des mönchischen Lebens stand das *opus dei*, das gemeinsame Gebet zu festgelegten Zeiten. Daneben verlangte Benedikt körperliche Arbeit als besondere Form der Buße und zur Verhinderung von Müßiggang. Die Mönche waren zu persönlicher Armut, Keuschheit, zu striktem Gehorsam gegenüber dem Abt und zur *stabilitas loci* verpflichtet, das heißt: Nach Ablegung des Gelübdes durften sie das Kloster nicht mehr verlassen. Abgeschiedenheit von der Welt galt als Voraussetzung für ein vollkommenes Leben für Gott. Baulich fand dieser Wunsch seinen Ausdruck in der streng abgeschlossenen Klausur.

Kreuzgang – Westflügel

Von den ehemals vier Galerien des Kreuzgangs, der alle wichtigen Räume der Klausur miteinander verband, sind nur noch zwei erhalten.

Der westliche Flügel stammt im Wesentlichen aus dem 13. Jahrhundert (spitzbogige Fenster). Hofseitig vorgelagert ist das Brunnenhaus. Im romanischen Erdgeschoss ist ein Kreuzgratgewölbe eingezogen, das ursprünglich von vier kleinen Säulen in den Raumecken getragen wurde.

In der Mitte des Raums gab es einen Springbrunnen. Hier stand den Mönchen jederzeit frisches, klares Wasser zur Verfügung, das durch eine unterirdische Leitung aus dem an der Kirche vorbeifließenden Flüsschen Lutter herangeführt wurde.

Dem Brunnenhaus gegenüber, auf der anderen Seite des Gangs, befindet sich das Refektorium (gotisches, jetzt vermauertes Portal mit Kreuzbanddekoration). Bevor die Mönche sich dort zum Essen versammelten, wuschen sie sich im Brunnenhaus die Hände.

Dies war nicht nur aus hygienischen Gründen notwendig: Die Reinigung bereitete auch auf die Aufnahme der 'geistigen Nahrung' vor, die in den Tischlesungen während der Mahlzeiten geboten wurde.

Das Brunnenhaus war auch der Ort, wo den Mönchen die Tonsur geschnitten, das heißt eine kreisrunde Stelle ihres Haupthaares kahl geschoren wurde.

Kreuzgang – Nordflügel

Der nördliche, direkt an der Kirche gelegene Kreuzgangflügel ist besonders aufwändig gestaltet. Eine Reihe von zehn prächtig dekorierten Säulen teilt den Raum in zwei Schiffe[1], die durchgehend gewölbt sind.

Mit seinen zwei Zugängen – der eine führt in den südlichen Querarm, der andere in das Langhaus – war dieser Kreuzgangflügel fest in die Prozessionsliturgie einbezogen. Zudem diente er als Lesegang: Nach dem Abendessen und vor dem letzten Chorgebet versammelten sich hier die Mönche, nahmen auf der steinernen Bank Platz und lasen erbauliche Texte. Die dafür benutzten Bücher wurden in der großen Wandnische neben der westlichen Kreuzgangtür, dem »Armarium«, aufbewahrt.

[1] *Diese besondere Anlageform verbindet Königslutter mit Walkenried (romanischer und gotischer Kreuzgang) und einigen anderen Klöstern der Harzregion.*

Berühmt ist der Kreuzgang vor allem wegen seiner Bauskulptur, die sich durch außerordentlich große Formenvielfalt auszeichnet. Es gibt Kapitelle, die mit pflanzlichem Dekor geschmückt sind und solche, die ineinander verschlungene Tierkörper zeigen. Die Säulenschäfte sind mit Flechtband-, Ranken- oder Spiraldekorationen versehen, wobei sich kein Muster wiederholt.

links: Königslutter, Palmettenfächer-Kapitell im Kreuzgang

rechts: Verona, Dom, Palmettenfächer-Kapitell

Italien

För die äußerst natürlich und lebendig wirkende Bauskulptur im Kaiserdom lassen sich in Norddeutschland keine Vorstufen finden. Grundzug der einheimischen sächsischen Kapitellplastik war im Gegenteil das Block- und Massenhafte. Vergleichbares gibt es allerdings in Oberitalien. Die königsluttersche Ornamentik steht in direktem Bezug zum Formenkreis des brühmten Bildhauers Nicolaus, der unter anderem in Ferrara, Piacenza und Verona gewirkt hat.

Vergleicht man etwa die Atlantenfigur an der östlichen Stirnseite des Kreuzgangs – ihr Pendant im Westen stammt aus dem 19. Jahrhundert – oder das Palmettenfächerkapitell mit den italienischen Gegenstücken, lässt sich die motivische und stilistische Verwandtschaft auf Anhieb erkennen.

*Zum Vergleich: Braunschweig, Ägidienkloster,
Palmettenfächerkapitell (um 1170)*

*Zum Vergleich: Hildesheim, St. Michael,
Palmettenfächerkapitell im Langhaus
(in der 2. Hälfte des 12. Jh. an Stelle des originalen
Würfelkapitells eingebaut)*

Vorbild in Norddeutschland

Bauskulptur von der Art, wie sie im Kaiserdom (Kreuzgang, Ostbau und Löwenportal) vorkommt, war in Norddeutschland unbekannt. Sie tritt hier in Königslutter zum ersten Mal auf und beeinflusst ab Mitte des 12. Jahrhunderts maßgeblich die Entwicklung der Bauornamentik in Norddeutschland. 'Königsluttersche' Skulptur lässt sich in Braunschweig (Ägidienkloster und Burg Dankwarderode) ebenso finden wie in Hildesheim (St. Michael), Wunstorf, Goslar oder Magdeburg (Kreuzgang am Dom). Dem Kaiserdom kommt damit in der sächsischen Architekturgeschichte eine Schlüsselstellung zu.

Grabsteine

Der Kaiserdom diente viele Jahrhunderte lang als Grabstätte von Äbten, Geistlichen und anderen Persönlichkeiten (s. auch Seite 60). Mehrere Grabsteine und Epitaphe[1] aus dem 15.-18. Jahrhundert sind erhalten und im Kreuzgang und Kreuzganghof aufgestellt.

[1]*Epitaph: s. Erläuterung auf Seite 59*

Besonders schön ist der Grabstein für Abt Bertoldus Keghel (1393-1431). Er zeigt den Verstorbenen in ganzer Figur im Hochrelief. Der Rahmen ist mit einer umlaufenden Inschrift versehen (vertiefte, ursprünglich vollständig mit rötlicher Masse ausgefüllte Minuskelschrift). Papst Hadrian IV. (1154-1159) hatte dem Abt von Königslutter die besondere Erlaubnis erteilt, bei Messen und Prozessionen die bischöflichen Insignien zu tragen. Dem entsprechend ist Abt Keghel mit einer Mitra — einer nach oben spitz zulaufenden Mütze — dargestellt.

anno · domini · m · cccc · xxxi

Luttersche Fahrt

Königslutter entwickelte sich im Laufe des späten Mittelalters zu einem der bedeutendsten Wallfahrtsorte in Norddeutschland. Der Papst hatte das Kloster berechtigt, umfangreiche Ablässe[1] zu gewähren. Zudem besaß es zahlreiche Reliquien und vor allem ein angeblich wundertätiges Marienbild (Gnadenbild), das in einer heute nicht mehr existierenden Kapelle am nördlichen Querarm stand. Jedes Jahr am Peter- und Paulstag (29. Juni), dem Festtag der beiden Namenspatrone der Kirche, strömten Tausende von Pilgern an den Elm.

Viele kamen von weit her: aus Thüringen, dem Rheinland oder von der Ostsee. Pilgerzeichen[2] aus Königslutter wurden aber auch in Holland und sogar in England und Norwegen gefunden.

[1] *Ablass: Erlassen zeitlicher Sündenstrafen. Für Königslutter bestimmte Papst Bonifaz IX. im Jahr 1401, dass den Pilgern sieben Jahre Fegefeuer und siebenmal 14-tägiges Fasten erlassen werden sollte.*

[2] *Pilgerzeichen wurden in Gussformen aus einer Blei-Zinn-Legierung hergestellt. Die Wallfahrer kauften sich diese Plaketten und hefteten sie sich an ihre Kleidung. Pilgerzeichen dienten als Andenken, verschafften den Pilgern Vorteile auf ihrer Wanderung – zum Beispiel kostenlose Unterkunft oder Mahlzeiten –, wurden aber vor allem wegen ihrer angeblich glücksbringenden und heilkräftigen Wirkung geschätzt.*

*Pilgerzeichen aus Königslutter
(Wiedergabe in Originalgröße)*

*Fundort:
Seehausen/Brandenburg*

Unter dem mit Krabben besetzten Giebel ist der Gekreuzigte dargestellt, begleitet von den Heiligen Petrus und Paulus, darunter in einem halbkreisförmigen Feld Lothar III. mit den Reichsinsignien und dem Reichswappen.

Von der Reformation bis zur Auflösung

Die Reformation wurde 1542 durch Johannes Bugenhagen, Freund und Vertrauter Martin Luthers, in Königslutter eingeführt. Seit dem 17. Jahrhundert waren nach der Klosterordnung die Äbte gleichzeitig Professoren der Theologie an der Universität Helmstedt. So kam es, dass bedeutende Gelehrte in Königslutter wirkten. Georg Calixt (1586-1656), heute oft als Wegbereiter der Ökumene bezeichnet, trat während des 30-jährigen Krieges für eine Verständigung aller christlichen Konfessionen auf der Grundlage des Apostolischen Glaubensbekenntnisses ein. Der Sohn Friedrich Ulrich Calixt[1] (1622-1701) folgte dem Vorbild seines Vaters. Auch Johann Fabricius (1644-1729) setzte sich für die Wiedervereinigung der Konfessionen ein (s. Seite 58, 59).

1809 wurde das Kloster aufgelöst. 1861-1865 errichtete man auf dem ehemaligen Wirtschaftsgelände (südlich der Klausur) die Herzogliche Heil- und Pflegeanstalt, heute AWO Psychiatriezentrum.

[1] *Sein Sarkophag ist im Kirchenraum aufgestellt.*

Porträt Georg Calixt, Kreidelithographie von D. Pirscher, 1. Drittel 19. Jh. (Braunschweigisches Landesmuseum)

GEORGIUS CALIXTUS.

Kaiser-Lothar-Linde
Majestätisches Naturdenkmal

Die mächtige Sommerlinde auf dem Gelände des AWO Psychiatriezentrums – im ehemaligen Klosterhof – ist ein bedeutendes Naturdenkmal. Mit ihrem Stammumfang von fast 13 Metern und der voll ausgebildeten Krone (Durchmesser 30 Meter) zählt sie zu den imposantesten Bäumen in Deutschland. Ihr Alter wird auf mindestens 800 Jahre geschätzt. Der Legende nach soll sie Kaiser Lothar III. bei der Grundsteinlegung der Kirche gepflanzt haben.

Im Mittelalter diente sie als Gerichtslinde, worauf die Tatsache schließen lässt, dass noch im 18. Jahrhundert an der Südwand des Abtshauses, vor dem sie steht (s. Seite 78), ein Halseisen angebracht war. Als Mitte des 19. Jahrhunderts in den damals noch bestehenden Klostergebäuden eine Kaltwasserbadeanstalt eingerichtet wurde, nutzte man den Baum als 'Tanzlinde'. Auf einer zwischen den Ästen eingebauten Plattform konnten sich die Gäste vergnügen.

Der Stamm mit seinen vielen Verwachsungen ist, wie oft bei alten Linden, nicht massiv, sondern hohl. 'Fenster' geben den Blick ins Innere frei. Es ist sogar möglich, quer hindurchzuschauen.

Kräutergarten

Der Kräutergarten war für ein mittelalterliches Kloster von großer Bedeutung, lieferte er doch der Klosterapotheke die notwendigen Heilpflanzen und versorgte gleichzeitig die Küche mit Gewürzen und Kräutern.
Im neu angelegten Kräutergarten am Refektorium (Speisesaal der Mönche) werden in verschieden großen Beeten Pflanzen kultiviert, die schon im Mittelalter in den Gartenanlagen der Mönche zu finden waren und deren heilende Wirkung auch damals schon bekannt war. Wildkräuter wie Johanniskraut, Beifuß oder Schafgarbe wachsen neben Küchenkräutern wie Bohnenkraut, Petersilie und Oregano. Aber auch Arzneipflanzen wie Baldrian, Mariendistel oder Mutterkraut, die heute noch in der Medizin Verwendung finden, werden hier kultiviert.

Das Mahnmal
»Weg der Besinnung«
(Günter Dittmann, 2002)
erinnert an die Euthanasie-
Maßnahmen während der NS-
Zeit und die umgekommenen
Psychiatriepatienten.

Berggarten

Der Berggarten auf der Westseite des Kaiserdoms gehört zum AWO Psychiatriezentrum. Jean Paul Hasse (1830-1898), Direktor der ehemaligen Heil- und Pflegeanstalt, ließ den Park als Anstaltsgarten ab 1879 nach eigenen Plänen anlegen. Von idealisierter Natur versprach man sich eine positive Wirkung auf die Genesung der Patienten. Die pittoreske Anlage entspricht mit ihrer starken Geländemodellierung und der vielfältigen Bepflanzung dem Geschmack der Zeit. Freiräume wechseln sich mit geschlossenen Bereichen ab, immer wieder eröffnen sich überraschende Blickachsen.

Seinen ganz besonderen Reiz gewinnt der Garten durch das Element Wasser, das in fließender, fallender und ruhender Form geboten wird. Die mehrstufige, aus dem Flüsschen Lutter gespeiste Kaskadenanlage wird mit zwei Teichen kombiniert und überbrückt einen Höhenunterschied von 10 Metern. Am südlichen Ufer des oberen Teichs befindet sich eine künstliche Grotte, am großen Wasserfall wird eine Felswand imitiert.

Als Gebirgslandschaft 'en miniature' ist der Berggarten am Kaiserdom ein herausragendes Beispiel der Gartenkunst des 19. Jahrhunderts.

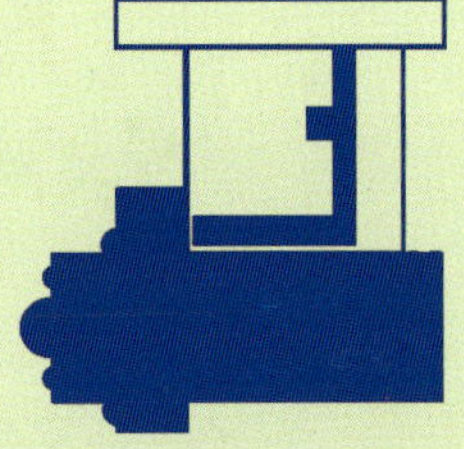

Moderne Kunst im Kaiserdom
SOL

Bernd Schulz, 2010

Die Sonne und das Licht stehen seit jeher in allen Kulturen im Zentrum religiöser Ikonographie. Die Arbeit des Künstlers Bernd Schulz schließt sich dieser Tradition an. Mithilfe einer Langzeitbelichtung wurden die von einer bewegten Lichtquelle auf den Archivolten (Bogen) des Marienportals erzeugten Muster festgehalten. Das so entstandene Foto ist zu einer sonnenähnlichen Scheibe gespiegelt, die die eintretenden Besucher im Windfang empfängt und auf sie herabstrahlt.

Elmsteinfocus

Hans Peter Kuhn, 2014

Die Installation Elmsteinfocus spielt mit der Dreidimensionalität der rauen Oberfläche des Steins. Ein Bild der Stelenfläche wird auf diese selbst projiziert, wobei nur ein schmaler Streifen scharf gestellt ist, der Rest unscharf bleibt. Durch den langsam auf und ab wandernden Focus entsteht der Eindruck einer natürlichen Veränderung des Materials. Zusätzlich erhält der Stein etwas Geheimnisvolles. Mit dieser Arbeit gelingt es dem Künstler Hans Peter Kuhn, Elmkalkstein, das Baumaterial des Kaiserdoms, zum Inhalt der Kunst zu machen und durch die Kunst zu erhöhen.

Literaturauswahl

Uvo Hölscher:
Die Stiftskirche von Königslutter.
Eine baugeschichtliche Untersuchung.
In: Niederdeutsche Beiträge zur Kunstgeschichte, IV (1965).

Königslutter und Oberitalien.
Kunst des 12. Jahrhunderts in Sachsen.
Hg. v. Martin Gosebruch u. Hans-Henning Grote.
Braunschweig 1982.

Thomas Weigel:
Das Rätsel des Königslutterer Jagdfrieses.
Zur Rolle von Tieren in der Bilderwelt des Mittelalters.
In: Der Braunschweiger Burglöwe.
Göttingen 1985, S. 155-187

Ernst Schubert:
Stätten sächsischer Kaiser.
Leipzig 1990.

Wege in die Romanik.
Das Reisehandbuch. 2 Bde.;
Hannover 1993.

Bruno Klein:
Die ehemalige Abteikirche von Königslutter.
Die Grablege eines sächsischen Kaisers am Beginn der Stauferzeit.
In: **Heinrich der Löwe und seine Zeit.**
Herrschaft und Repräsentation der Welfen 1125-1235.
Katalog Ausstellung Braunschweig 1995, Bd. 2,
hg. v. J. Luckhard und F. Niehoff,
München 1995.

Walter Wulf:
Romanik in der Königslandschaft Sachsen.
Würzburg 1996.

Romanik in Nieder-Sachsen.
Forschungsstand und Forschungsaufgaben.
Hg. v. Harmen Thies.
Braunschweig 1997.

Ingo Pagel:
Von imperialer Muster-architektur zu territorial-herrlichem Selbstbewusstsein.
Kirchenbaukunst im Zeichen des Herrschaftswandels im norddeutschen Raum zwischen 1100 und 1300.
Hildesheim 1998.

Martin Gosebruch
u. Thomas Gädeke:
**Königslutter, die Abtei
Kaiser Lothars.**
Königstein im Taunus 1998.

Ursula Schädler-Saub:
**Mittelalterliche Kirchen
in Niedersachsen.**
Wege der Erhaltung und
Restaurierung. Regionale
Kulturerbe-Routen, Band 1.
(Schriften des Hornemann
Instituts, Band 4).
Petersberg 2000.

Cornelia Lawrenz:
**Architektur und
Herrschaftsanspruch.**
Die Baukunst
Kaiser Lothars III. (1125-1137)
und seiner Parteigänger.
Ein Beitrag zur sächsischen
Architektur des 12. Jahrhunderts.
Berlin 2003.

Gerd Althoff:
Lothar III. (1125-1137).
In: Die deutschen Herrscher
des Mittelalters.
Historische Porträts von
Heinrich I. bis Maximilian I.
(919-1519).
Hg. v. Bernd Schneidmüller und
Stefan Weinfurter.
München 2003, S. 201-216.

Kaiserdom Königslutter.
Geschichte und Restaurierung
Mit Beiträgen von Norbert
Bergmann, Gerold Dobler
und Norbert H. Funke.
Hg. v. Tobias Henkel.
Petersberg 2008.

Die tätowierte Wand.
Über Historismus in Königslutter.
Hg. v. Hannes Böhringer
u. Arne Zerbst.
München 2009.

Aus der Schriftenreihe der Stiftung
Braunschweigischer Kulturbesitz,
hg. v. Tobias Henkel:

**Dem Mittelalter
in die Augen geschaut.**
Der Kaiserdom zu Königslutter.
Geschichte, Architektur,
Bauskulptur und Malereien.
Braunschweig 2010.

**"Nicht Ruh' im Grabe
ließ man euch..."**
Die letzte Heimat Kaiser
Lothars III. im Spiegel
naturwissenschaftlicher und
historischer Forschungen.
Braunschweig 2012.

Peter Springer:
**Zwischen Mittelalter
und Moderne**
August Essenwein als Architekt,
Bauhistoriker, Denkmalpfleger
und Museumsmann.
Braunschweig 2014.

Abbildungsnachweis:

Fotos: Andreas Greiner-Napp (www.greinernapp.de)
mit Ausnahme von:
Seite 18 oben, 24 oben/unten, 84 rechts, 85 rechts: Dr. Norbert Funke
Seite 44, 45, 86 oben, 93: Braunschweigisches Landesmuseum, I. Simon
Seite 77 links: Germanisches Nationalmuseum Nürnberg
Seite 77 rechts: Privatbesitz Dr. Andreas Döring
Seite 78: K.-H. Volkmann nach Heinz Röhr:
Geschichte der Stadt Königslutter, 1981, Seite 15
Seite 90/91: Collage Joachim Schmidt, nach J.F. Dielmann:
Fußprozession zum hl. Blut in Walldürn (1845), abgebildet in:
S. u. W. Jacobeit: Illustrierte Alltagsgeschichte des deutschen Volkes
1550-1810, Köln 1988 (2. Aufl.), S. 113, Abb. 150;
und Stich aus dem Braunschweigischen Landesmuseum,
Abzug im Stadtarchiv Königslutter, publiziert in:
Alte Ansichten aus Königslutter.
Seite 91 (Pilgerzeichen): Kulturhistorisches Museum Prenzlau,
Inv.nr. IV/5634
Seite 96/97: Dr. Birgit Heinz
Seite 101: Entwurf Hans Peter Kuhn